Le Marquis de Sade et le Sadisme

PAR

HELPEY

Bibliographe poitevin

SADOPOLIS

IMPRIMÉ SPÉCIALEMENT

POUR L'AUTEUR ET QUELQUES AMIS

LE MARQUIS DE SADE
ET LE SADISME

Le Marquis de Sade et le Sadisme

PAR

HELPEY

Bibliographe poitevin

SADOPOLIS

IMPRIMÉ SPÉCIALEMENT

POUR L'AUTEUR ET QUELQUES AMIS

LE MARQUIS DE SADE ET LE SADISME

La *Philosophie dans le Boudoir* (1) n'est sans doute pas l'œuvre maîtresse du «divin marquis», mais c'est incontestablement celle où se trouve défini le plus clairement ce qu'on a appelé depuis le sadisme. C'est en quelque sorte le manifeste de la doctrine.

Bien mieux que dans *Justine* et *Juliette*, dont la lecture est souvent fastidieuse, on y trouve la définition de cette philosophie du vice qui assurera à son auteur l'immortalité dont il ne voulait pas, — si l'on doit en croire le testament rédigé en 1806.

Combien, parmi les lettrés eux-mêmes, connaissent autrement que de nom ces ouvrages ? Et

---

(1) *La Philosophie dans le Boudoir,* par le MARQUIS DE SADE. Edition intégrale, précédée d'une Etude sur le *Marquis de Sade et son Œuvre,* par Helpey, Bibliographe poitevin. Sadopolis. Edition privée, aux dépens de la « Société des Etudes Sadiques ». — Dernière édition soigneusement imprimée et ornée des cinq figures libres de l'édition originale.

combien, parmi ceux qui les ont lus, savent exactement ce que fut leur auteur?

Comme Alexis Piron, le marquis de Sade est une victime des généralisations populaires. Pour avoir écrit l'*Ode à Priape*, quelques contes lestes et des épigrammes gaillardes, le premier est devenu, aux yeux des foules, une sorte de Triboulet lubrique, qu'on charge de véhiculer tout le folklore érotique de notre pays.

Nous allons voir que l'auteur de la *Philosophie dans le Boudoir* est, de son côté, quelque peu différent du « monstre » et du « fou » qu'on imagine, d'après une légende popularisée en 1834 par un article de Jules Janin, où l'exagération romantique s'alliait à l'étroitesse de vues et à la sottise réactionnaires.

L'HOMME

Donatien-Alphonse-François, marquis de Sade, naquit le 2 Juin 1740, à Paris, dans la maison du Grand Condé.

Il était fils du comte Jean-Baptiste de Sade, qui fut ambassadeur en Russie et à Londres, et de Marie-Eléonore de Maillé, nièce du cardinal de Richelieu et dame d'honneur de la princesse de Condé.

Les comtes de Sade descendaient directement de Hugues III de Sade et de Laure de Noves, celle même que Pétrarque aperçut, le lundi de la semaine sainte de 1327, à l'église Sainte-Claire d'Avignon, et qu'il immortalisa.

A quatre ans, le jeune marquis fut envoyé chez sa grand'mère, à Avignon, et quelques années plus tard, chez son oncle (1), à l'ermitage d'Ebreuil, dans la vallée de Vaucluse. Il y reçut jusqu'en 1750 sa première instruction, puis on le mit au collège Louis-le-Grand, rue Saint-Jacques, à Paris.

A quatorze ans, il entra dans les chevau-légers. Il

---

(1) Jacques-François-Paul-Alphonse de Sade, qui fut vicaire général des archevêques de Toulouse et de Narbonne. Il écrivit des *Mémoires de la vie de François Pétrarque* et des *Remarques sur les premiers poètes français et les troubadours*.

fut nommé successivement sous-lieutenant au régiment royal, lieutenant de carabiniers et capitaine d'un régiment de cavalerie. Il participa en Allemagne à la guerre de sept ans.

Réformé, il revint à Paris, probablement vers la fin de 1762. Il épousa, le 17 mai 1763, Mlle de Montreuil aînée.

A la mort de son père, en 1767, Donatien-Alphonse-François eût dû prendre le titre de comte, mais il était déjà connu comme marquis de Sade, et il semble bien que le titre lui soit resté. C'est, en tout cas, celui que l'histoire adopta.

Il passa en prison une grande partie de son existence, sous l'ancien régime en vertu de lettres de cachet, et sous l'empire par le bon vouloir de Napoléon.

Libéré le 29 mars 1790 par la Révolution, le marquis de Sade devint secrétaire de la section des Piques. Il prononça, le 29 septembre 1793, à la fête décernée par la section aux mânes de Marat et de Le Pelletier, un discours panégyrique qui nous a été conservé.

Le ci-devant marquis fut néanmoins arrêté, le 6 décembre de la même année, et emprisonné jusqu'au 9 thermidor, comme suspect de modérantisme.

Il mourut, après une courte maladie, le 2 décembre 1814, à Charenton, où Napoléon l'avait fait interner.

LA LÉGENDE

Jules Janin avait quelque talent d'écrivain. Il avait également de l'imagination. Les deux aidant, il écrivit en 1834, dans la *Revue de Paris*, un article qui est proprement un tissu d'absurdités.

Totalement dépourvu de sens critique, Jules Janin accueille, sans les vérifier, les pires racontars des ennemis contemporains du marquis ou des gobe-la-lune du temps.

Tout ce que peut produire de sottise l'esprit étroit d'un sacristain de la Restauration est employé à délayer ces histoires de brigands.

Jules Janin parle du marquis de Sade comme une paysanne bretonne parlerait du Diable.

Voici d'abord l'horrifiante histoire du petit Julien, le camarade d'enfance de Jules Janin. Chez le curé Gabriel, son vieil oncle, tout en haut de la bibliothèque, le petit innocent dénicha un ouvrage, « dépôt de la confession ». C'était l'infâme *Justine*. Le petit Julien la dévora en cachette. Le lendemain il était fou !

Plaignons le pauvre petit Julien.

Mais nous n'aurons pas à plaindre Jules Janin, qui

lut à son tour *Justine* et ne sombra pas dans la folie...

***

Voyons donc, à travers Jules Janin, le marquis de Sade de la légende.

Au collège Louis-le-Grand, il se promène dans la cour où devait, dix ans plus tard, se promener Robespierre : « O le digne couple ! »

A quatorze ans, au sortir du collège, Sade avait déjà autour de lui « je ne sais quel air empesté qui le rendait odieux à tous. »

Après la guerre, on lui fit épouser « une pauvre fille, douce, aimable, jolie, vertueuse, timide. » Il montra bientôt dans ce mariage « toute son horrible nature. »

Ici, il faut citer, car le passage est trop curieux :

> Ses atroces penchans se furent bientôt révélés par mille *(sic)* petites tentatives de meurtre, accompagnées de circonstances abominables ; d'abord le public n'y crut pas, ni même sa femme, ni même la justice de son temps : cependant, par mesure de simple police, on l'envoya en exil. En exil, il perfectionna sa science, il ajouta à sa théorie, il se livra à mille imaginations plus perverses les unes que les autres.

« Toutefois, ajoute naïvement Jules Janin, le public n'avait pas encore entendu parler de cet homme. »

Mais voici qu'éclate, le 3 avril 1768, un affreux scandale.

Le marquis possédait à Arcueil une petite maison, avec volets matelassés. Son valet y ramène un jour « deux ignobles filles de joie. » Sade rencontre, lui, « une pauvre femme », nommée Rose Keller. Il l'invite à souper. Elle accepte. Le valet et les deux filles de joie, ivres, sont déjà là. Rose Keller est brutalisée ; on la met nue ; on l'attache ; on la fustige « avec de fortes lanières de cuir armées de pointes de fer. » On ne s'arrête que lorsqu'elle « n'est plus qu'une plaie. » Le lendemain matin, elle réussit à s'échapper ; on brise les portes de cette « horrible maison » ; on trouve le marquis, son valet et les deux catins, « étendus pêle-mêle au milieu du vin et du sang. »

***

La marquise du Deffand écrit, dans une de ses lettres à Horace Walpole (*Paris, 1812*) :

Il lui attacha les deux mains et la fouetta cruellement. Lorsque tout son corps fut couvert de sang, il sortit de son habit un pot rempli d'onguent, en enduisit les plaies et la laissa couchée. Le lendemain matin, il examina ses plaies et vit que l'onguent avait fait son effet. Alors il prit un couteau et lui fit des incisions partout, enduisit de nouveau de l'onguent les endroits saignants et s'en alla. *(Lettre du 12 avril 1768).*

Depuis hier je connais la suite de l'affaire de monsieur de Sade... Il fouetta et fit des incisions à la malheureuse le même jour et enduisit de baume ses plaies et ses meurtrissures... Le lieutenant de police fit arrêter de Sade, qui, avec une impertinence inouïe, se vanta de son crime comme étant une action très noble, puisqu'il avait fait connaître au public l'effet miraculeux d'un onguent qui puisse immédiatement guérir toutes les plaies. *(Lettre du 13 avril 1768).*

Voici une troisième version :

Après quoi *(après l'avoir mise nue)*, il lui avoit attaché les deux mains, lui avoit mis dans la bouche un morceau de bois en guise de Baillon,... l'avoit renversée en devant, et après avoir été chercher dans la Commode deux fortes poignées de verges, il les lui avoit usées sur le corps ; que cette première opération achevée, il avoit tiré de l'Armoire une sorte de Caniffe ou Grattoir, de la Lumière et de la Cire d'Espagne, qu'il lui avoit fait des Incisions dans les Parties du Corps les plus charnues, pour y insinuer plus facilement la Cire qu'il faisoit fondre à mesure à la Chandelle. Quelques personnes ont prétendu que c'étoit un Beaume ou Elixir dont il cherchoit à faire l'Épreuve. *(Journal de Hardy).*

Restif de la Bretonne, dans la 194e de ses *Nuits de Paris,* raconte, lui, que le marquis avait conduit Rose Keller dans une salle d'anatomie et avait proposé à plusieurs personnes de la disséquer toute vive : « Que fait cette malheureuse sur la terre ? Elle n'y est bonne à rien, il faut qu'elle nous serve à pénétrer tous les mystères de la structure humaine. » On l'avait attachée sur la table de dissection, et le marquis de Sade, examinant le corps de la patiente, annonçait les résultats que donnerait l'opération !!!

En 1841, la *Gazette de Paris* publie une cinquième version, due à Brierre de Boismont, lequel n'indique point ses sources. Il raconte que des passants, entendant des cris, pénétrèrent dans la maison :

Là, sur une table, était étendue une jeune femme entièrement nue, blanche comme la cire, pouvant à peine se faire entendre ; ses membres et son corps étaient fixés par des liens ; le sang lui coulait de deux saignées faites aux bras ; les seins, légèrement tailladés, laissaient échapper ce liquide ; enfin, les parties sexuelles, également incisées, étaient baignées de sang. Elle raconta que... le fameux marquis l'avait fait saisir par ses gens, dépouiller de ses vêtements, coucher sur la table et attacher. Sur ses ordres, un homme lui avait ouvert les seins avec une lancette et pratiqué un grand nombre d'incisions sur le corps. Immédiatement, tout le monde s'était retiré, et le marquis, se déshabillant, s'était livré sur elle à ses débauches habituelles.

Après tant de fantaisies sur le même thème, l'imagination des écrivains n'était point encore à bout. Alcide Bonneau, qui se révèle ici comme un disciple de Jules Janin, y va de sa petite version, plus savoureuse encore que les précédentes, dans le Tome III de la *Curiosité Littéraire et Bibliographique* (1882) :

Lorsque la police vint le surprendre en 1768 dans la petite maison d'Arcueil, sur dénonciation d'une de ses victimes, qui s'était précipitée en chemise de la lucarne d'un grenier, au risque de se casser les reins, il était en train de tourner fort tranquillement devant un feu clair et vif deux malheureuses filles publiques attachées toutes nues, cela va sans dire, à de grosses broches de bois et, détail précieux, lardées de faveurs roses !

***

Le marquis fut arrêté et emprisonné à Lyon. « Qui le croirait ? Six semaines après cet emprisonnement, la famille du marquis de Sade obtint pour lui des lettres de grâce. »

A peine libre, « il retourne à ses débauches et à ses crimes. » Il était à Marseille en 1772, et il y fit « une si grande orgie dans une maison suspecte, que jamais on n'avait entendu de plus horribles bacchanales ; deux filles en moururent le lendemain. »

***

Restif de la Bretonne raconte cet incident à sa façon. Il en place la scène à Paris, au Faubourg Saint-Honoré. Des bonbons cantharidés sont distribués à des paysans et à des paysannes, et il se passe alors des scènes révoltantes de lubricité.

On trouve dans les *Mémoires Secrets* de Bachaumont, à la date du 27 Juillet 1772, cette autre relation tout aussi fantaisiste :

On écrit de Marseille... M. le comte de Sade a donné un bal où il a invité beaucoup de monde, et dans le dessert il avait glissé des pastilles au chocolat si excellentes que quantité de gens en ont dévoré. Elles étaient en abondance et personne n'en a manqué ; mais il y avait amalgamé des mouches cantharides. On connaît la vertu de ce médicament : elle s'est trouvée telle que tous ceux qui en avaient mangé, brûlant d'une ardeur impudique, se sont livrés à tous les excès auxquels portent la fureur la plus amoureuse. Le bal a dégénéré en une de ces assemblées licencieuses si renommées parmi les Romains ; les femmes les plus sages n'ont pu résister à la rage utérine qui les travaillait. C'est ainsi que M. de Sade a joui de sa belle-sœur, avec laquelle il s'est enfui pour se soustraire au supplice qu'il mérite. Plusieurs personnes sont mortes des excès auxquels elles se sont livrées dans leur priapisme effroyable et d'autres sont encore très incommodées.

Le Bibliophile Jacob (Paul Lacroix), qui réfuta avec beaucoup de bon sens les fantaisies de Jules Janin (1), adopte un peu trop facilement une version analogue à celle des *Mémoires Secrets* sur le scandale de Marseille.

C'est qu'il tenait à son petit roman sur la belle-sœur du marquis, séduite et enlevée, sinon violée.

Jules Janin à négligé cet autre « crime ». Sans doute l'ignorait-il. Mais d'autres l'ont dénoncé.

Le marquis de Sade, à les en croire, après avoir épousé une femme « adorable », commit à son égard les pires outrages. Il mit le comble à ses injures en débauchant sa belle-sœur et en l'enlevant. C'est tout juste si on ne l'accuse pas de l'avoir assassinée par la suite...

Mais reprenons Jules Janin.

Emprisonné, le « monstre » écrit ses monstrueux ouvrages. La Révolution le libère. Notre « critique » est navré de constater que le marquis de Sade et les « bourreaux sanguinaires » ne s'entendent qu'à peine :

(1) *La vérité sur les deux procès criminels du marquis de Sade. (Revue de Paris, 1837.)*

Cet homme, dans ses livres, avait combiné des supplices si impossibles, arrangé des tortures si cruelles, qu'il ne prit aucun goût à la Terreur.

Le Directoire, « cette halte d'un jour dans la boue de la royauté expirée », lui convint mieux. Il s'enhardit alors à publier son chef-d'œuvre. Le livre se vendit publiquement, et « dans la presse quotidienne, il n'y eut pas un homme assez courageux pour flétrir cette production comme elle le méritait. »

Jules Janin ne va cependant pas jusqu'à reprendre l'assertion stupide de l'émigré Charles Villers (1) :

On dit que lorsque ce tyran *(Robespierre)*, lorsque Couthon, Saint-Just, Collot, ses ministres, étaient fatigués de meurtres et de condamnations, lorsque quelques remords se faisaient sentir à ces cœurs de bronze, et qu'à la vue des nombreux arrêts qu'il leur fallait encore signer, la plume échappait à leurs doigts, ils allaient lire quelques pages de *Justine*, et revenaient signer. Je ne garantis pas l'anecdote, mais on la conte, on la croit en France... *(sic)*.

Bonaparte revint d'Egypte, rapportant dans sa tête « ces idées d'ordre et d'autorité sans lesquelles la France était encore une fois perdue. »

Rentré chez lui, il trouva les deux ouvrages du marquis (*Justine* et *Juliette*), avec cette dédicace : *Hommage de l'Auteur.*

Quand il fut premier consul, il trouva sous son portefeuille « un second exemplaire » qu'il fit jeter au feu.

Le lendemain et les jours suivants, la même main inconnue plaça le même ouvrage à la même place, et

(1) *Lettre sur le roman intitulé : Justine ou les Malheurs de la Vertu. (Le Spectateur du Nord,* tome IV, 1797.*)*

chaque fois le premier consul pâlissait d'effroi à chaque nouvel exemplaire qu'il faisait brûler.

A peine fut-il empereur qu'il fit enfermer le marquis, « comme un fou incurable et dangereux », dans la maison de Charenton.

Suit un tableau horrifiant des occupations du « misérable » au milieu des fous. On y voit le marquis se racontant dans son cachot ses infamies, vociférant des vers obscènes par les barreaux de sa fenêtre, assistant au départ de la chaîne :

Les forçats lui disaient adieu comme à une vieille connaissance.

A le voir, « les fous étaient plus furieux, et les idiots plus idiots encore. »

***

Victorien Sardou estima qu'un tableau aussi noir était encore au-dessous du personnage. Il apporta donc son petit effort d'imagination, et représenta le marquis, se faisant apporter à Bicêtre des roses « qu'il trempait dans la bourbe puante d'un ruisseau. »

***

A peine le marquis de Sade fut-il expiré, termine Jules Janin, « que les disciples de Gall se jetèrent sur son crâne, comme sur une abominable proie. »

***

Jules Janin avait une excuse, c'est qu'il écrivait son article devant le crâne du marquis, que les « disciples de Gall » lui avaient abandonné.

Il y avait là de quoi surexciter étrangement l'imagination romantique du père de l'Ane Mort.

LA RÉALITÉ

Il est impossible, dans le cadre restreint de cet article, de réfuter par le détail toutes les « erreurs » commises par Jules Janin et ses disciples. D'autres l'ont fait longuement, d'ailleurs (1).

Voici ce qui résulte de leurs recherches.

Paul Lacroix (2) avait été impressionné par ce que Jules Janin disait des « atroces penchans » du marquis, et des « mille petites tentatives de meurtres » qui avaient précédé le scandale d'Arcueil.

J'ai souvent interrogé, écrit-il, des personnes respectables, dont quelques-unes vivent encore, plus qu'octogénaires ; je leur ai demandé, avec une indiscrète curiosité, d'étranges révélations sur le marquis de Sade, et je

---

(1) Citons surtout ces trois ouvrages, entre une dizaine : *Le marquis de Sade et son temps*, par Eugène Duehren. Traduit de l'allemand et précédé d'une préface d'Octave Uzanne (Paris, 1901). Malheureusement, le Dr Duehren gâte de solides qualités par un nationalisme imbécile, qui le porte à faire de la France un pays en proie à tous les vices, en face de la vertueuse Allemagne. On connaît la thèse. Elle est parfois présentée à l'envers, avec autant de bonne foi et d'intelligence.

Le marquis de Sade et son Œuvre devant la Science Médicale et la Littérature Moderne, par le Dr Jacobus X... (Paris, 1901). Ouvrage intéressant surtout comme répertoire documentaire.

La prétendue folie du marquis de Sade, par le Dr Cabanès (*Le Cabinet Secret de l'Histoire*, Paris, 1900). Etude sérieuse et sans parti pris.

(2) Article cité plus haut.

2

n'ai pas été peu étonné que ces personnes, que leur moralité, leur position et leurs honorables antécédens mettent à l'abri de toute espèce de honteux soupçons, n'éprouvassent aucune répugnance à se souvenir de l'auteur de *Justine*, et à en parler comme d'un aimable mauvais sujet.

A notre avis, nous touchons ici à la vérité.

Le jeune marquis était un de ces roués, libertins et viveurs, dont on excusait volontiers les aimables folies : « Il faut bien que jeunesse se passe ! »

C'est vraisemblablement à une scène un peu poussée de « petite maison » qu'est due la première arrestation du marquis (1).

Et il semble bien que « l'affreux scandale d'Arcueil », lui-même, ramené à ses justes proportions, ne dépasse guère le ton des débauches à la mode.

Le Dr Cabanès écrit (2) :

Quelqu'un, qui a entre les mains tout un dossier de pièces originales sur le marquis, nous a assuré que les choses s'étaient passées beaucoup plus simplement. Rose Keller, effrayée à la vue des objets qui l'environnaient, se serait précipitée par la fenêtre, dans la rue, sans se faire le moindre mal. Mais comme elle était dans le simple appareil

D'une beauté qu'on vient d'arracher au réveil (3),

la garde aurait accouru, et l'aurait emmenée au poste le plus voisin. Après explications, on l'avait relâchée. Elle avait, sans plus tarder, porté plainte contre le marquis, mais elle s'en était désistée, moyennant la somme de cent louis.

On peut facilement reconstituer l'histoire.

La fille de joie Rose Keller est amenée pour par-

---

(1) Voir plus loin : *Le prisonnier*.

(2) Ouvrage cité plus haut.

(3) Docteur, docteur, soignez vos citations !

ticiper à une débauche. On la fustige (1). Puis, comme elle est un peu simple d'esprit, on veut se jouer de sa crédulité, et on la mystifie en lui racontant qu'elle va être disséquée.

Cette histoire, racontée à la police par la fille, circule rapidement, et l'on s'explique comment la marquise du Deffand a pu la rapporter avec une apparente précision.

Mais l'épistolière n'a donné, en réalité, que la version de la mystifiée, déformée et grossie par la rumeur publique.

En matière historique, aujourd'hui, les témoignages de ce genre ne sont plus acceptés que sous bénéfice d'inventaire.

***

Nous allons voir que le scandale de Marseille n'est guère plus abominable que le scandale d'Arcueil.

C'est encore au Dr Cabanès que nous devons la vérité, sous la forme, cette fois, d'un document conservé aux archives des Affaires Etrangères: *Précis des faits et extrait de la procédure contre laquelle le marquis de Sade et sa famille réclament.*

Il en ressort ce qui suit:

Le marquis était alors en Provence. Au cours d'un voyage à Marseille, il se rendit au bordel. C'était le 21 Juin 1722.

Quelques jours après, la domestique d'une prostituée raconte que sa maîtresse a été prise de vomissements après avoir mangé avec excès des pastilles qu'un étranger lui a offertes.

Une autre fille déclare qu'un homme, « qu'on lui

(1) La fustigation était alors d'un usage courant, pour corser les scènes érotiques.

a dit être le marquis de Sade, lui a présenté des pastilles ; qu'elle a refusé d'en prendre, et que celles qui en ont mangé ont été incommodées. »

Une enquête fut ouverte. On retrouva deux des fameuses pastilles. Les experts les examinèrent et déclarèrent qu'elles ne contenaient aucune sorte de poison. C'étaient des anis sucrés, tout bonnement. D'ailleurs, les deux filles s'étaient très promptement rétablies, et elles durent ensuite reconnaître l'innocence du marquis.

Mais au cours de l'enquête, un fait nouveau se produisit. Une fille, entendue comme témoin, imputa au marquis et à son domestique « des actes tendant à un crime qui offense également la nature et les mœurs. »

Au mépris de toutes les règles judiciaires du temps, sans qu'il y ait eu plainte, on substitua cette nouvelle inculpation à la première, et le marquis et son domestique furent condamnés à la peine de mort, — par contumace.

Ce genre de vice était alors cruellement puni.

Soit. Mais on avouera qu'il n'était point nécessaire d'être un « monstre », un « fanfaron du crime », un « objet d'horreur », pour avoir tenté de sodomiser, ou même sodomisé des catins, voire son domestique (1).

On avouera également qu'il y a fort loin de cet épisode bordelier au bal de société, aux bonbons cantharidés, aux femmes empoisonnées et au viol public de la belle-sœur.

Deux filles malades, probablement d'excès de

(1) La phrase ambiguë du rapport ne dit pas si le « crime » fut réellement consommé, et si ce sont les catins ou le domestique qui furent les complaisantes victimes. On peut l'entendre de plusieurs manières.

boisson, et qui se rétablissent promptement: De cet incident insignifiant, la rumeur publique fait un scandale qui dépasse en horreur celui d'Arcueil. Et comme on est à Marseille, on ne s'arrête pas à mi-chemin dans la voie des exagérations. Alors que Rose Keller n'avait été que « tailladée à coups de canif », les deux filles « meurent dès le lendemain ».

***

Veut-on savoir maintenant comment le marquis de Sade, après avoir tyrannisé la plus charmante des épouses, débaucha sa belle-sœur et l'enleva?

On verra que l'histoire est assez normale, et que la conduite du marquis peut se justifier, réserve faite de la haîne qu'il porta à celle qu'on lui imposa comme épouse.

Suivons la version de Paul Lacroix (1):

M. de Montreuil avait deux filles, l'une âgée de vingt ans, l'autre de treize, tous les deux également jolies, bien élevées, mais bien différentes d'humeur et de beauté. L'aînée était brune de teint, avec les yeux et les cheveux noirs, grande, majestueuse, remplie de talens, et pourtant exclusivement occupée de dévotion, négligente de plaire et dépourvue de toute chaleur de cœur, excepté dans l'exercice des vertus chrétiennes. La cadette, au contraire, qui, malgré son extrême jeunesse, avait déjà l'apparence physique de l'âge de puberté, n'était pas moins avancée du côté de l'intelligence: le principal caractère de sa figure consistait dans une expression de douceur angélique et de grâce suave que réfléchissaient ses yeux en harmonie avec sa peau blanche et sa blonde chevelure; mais cette nature fraîche et délicate à l'extérieur devait bientôt se déclarer susceptible des passions les plus fougueuses et les plus fortes; la religion n'était pas un frein capable de l'arrêter.

Le mariage avait été fixé de longue main, lorsque le marquis de Sade fut introduit dans la maison de M. de

(1) Article cité plus haut.

Montreuil. Par un hasard qui décida de son avenir, il ne vit pas sa future la première fois qu'il alla chez le père de celle-ci : elle était indisposée et ne se montra point ; mais sa jeune sœur la remplaça dans cette soirée, qui laissa des souvenirs si agréables au galant capitaine, qu'il se persuada facilement avoir rencontré la femme qu'il devait épouser...

Il se retira amoureux le soir même, il revint le lendemain plus amoureux, et se flatta d'avoir fait éprouver ce qu'il éprouvait.

Tant que dura l'indisposition de l'aînée des demoiselles de Montreuil, il fut très-assidu auprès de la cadette, qui sans doute ne reçut pas avec indifférence les soins dont elle était l'unique objet. Quand on présenta au marquis la femme qu'on lui destinait, il ne ressentit que de l'aversion pour elle, parce qu'il la regarda dès lors comme un obstacle au bonheur qu'il avait rêvé ; il dédaigna les solides qualités de cette jeune personne, qui les cachait sous une modestie décente, et qui avait pour guide de ses paroles et de ses actions un sentiment parfait de son devoir : elle acceptait donc avec une obéissance résignée l'époux que ses parens lui avaient choisi sans la consulter.

On devine la suite.

Le marquis refusa d'épouser l'aînée. Le comte de Sade le contraignit au mariage. M. de Montreuil fut tout aussi cruel de son côté.

Le marquis de Sade dut obéir, mais il voua à sa femme une haîne qui ne désarma jamais. On peut penser qu'il eut tort, mais il avait bien des excuses, en présence de l'acte odieux de ces parents, qui négociaient un mariage comme une affaire, sans se soucier de l'opinion des principaux intéressés.

Mme de Montreuil, peu rassurée sur le cœur de sa cadette, l'enferma au couvent dès le lendemain du mariage de l'aînée.

Le comte de Sade mourut l'année suivante.

Riche et libre, le marquis chercha vainement le cloître où sa belle-sœur le pleurait.

Quelques années plus tard, seulement, Mlle de Montreuil fut libérée. Elle avait alors vingt ans et elle aimait toujours son beau-frère.

Lorsque survint l'affaire de Marseille, elle n'hésita pas à suivre en Italie le marquis de Sade, menacé en France de la peine capitale.

Elle mourut bientôt dans ses bras, à vingt-et-un-an, emportée par une maladie violente.

Ils menaient ensemble « une vie rangée et très-édifiante, à l'*inceste* près », écrit M. Paul Lacroix.

Ah ! Bibliophile Jacob, voilà un bien gros mot !...

On se demande où Jules Janin a pris l'histoire des exemplaire de *Justine* et *Juliette* offerts au premier consul.

Elle est sans doute inventée pour expliquer l'internement de l'auteur.

Si Napoléon fit enfermer le marquis de Sade, ce fut pour lui faire expier un pamphlet obscène dirigé contre Bonaparte, Barras, Joséphine de Beauharnais, Mmes Tallien et Visconti (1).

Le prétexte officiel, invoqué par le rapport de police, fut que le marquis voulait faire imprimer *Justine* et *Juliette*. Or, en 1801, il y avait quatre ans déjà que les deux ouvrages avaient vu le jour.

Nous en aurons fini avec les fantaisies historiques en faisant remarquer que le marquis de Sade, interné à Charenton, organisait des représentations théâtrales et recevait nombre de personnes respectables, qui n'eussent point fréquenté « le

(1) *Zoloé et ses deux acolytes.*

hurleur de couplets obscènes» et «l'ami des forçats».

Le Dr Cabanès a fait justice de la prétendue folie de l'auteur de la *Philosophie dans le Boudoir*, qui ne put être interné chez les fous, nous le répétons, que par un monstrueux abus de pouvoir.

***

Ajoutons encore un mot. Ce ne fut qu'un certain temps après la mort du marquis, lors de l'exhumation de ses restes, qu'on procéda à l'examen phrénologique de son crâne.

Jules Janin nous apprend ce que donna cet examen :

> Ce crâne mis à nu, ressemblait à tous les crânes de vieillards : c'était un mélange singulier de vices et de vertus, de bienfaisance et de crime, de haine et d'amour. Cette tête est petite, bien conformée ; on la prendrait pour la tête d'une femme, au premier abord, d'autant plus que les organes de la tendresse maternelle et de l'amour des enfans y sont aussi saillans que sur la tête même d'Héloïse, ce modèle de tendresse et d'amour.
>
> Le savant phrénologiste fut bien étonné quand je lui dis de quel marquis c'était la tête. Il est vrai qu'il avait reconnu sur ce crâne l'organe de la destruction.

Sans vouloir accorder à la phrénologie plus de croyance qu'il convient, constatons qu'elle s'accorde, pour une fois, avec la raison.

Le marquis de Sade était un homme comme les autres, avec des vertus et des vices, et s'il est difficile de féliciter l'auteur de *Justine*, il n'est pas nécessaire non plus d'en faire un monstre ou un dément.

LE PRISONNIER

Le marquis avait vingt-deux ans à peine, et il était marié depuis plusieurs mois seulement, lorsqu'on l'arrêta une première fois, sous une inculpation qui n'est pas connue.

On le conduisit au donjon de Vincennes, où il resta sans doute assez peu longtemps.

Après l'affaire de Rose Keller, en 1763, il fut conduit à la prison Pierre Encize, à Lyon, et libéré au bout de six semaines.

Condamné à mort par contumace, à la suite de l'affaire de Marseille, le 11 septembre 1772, le marquis s'était, on le sait, enfui en Italie avec sa belle-sœur. On ne tarda pas à l'arrêter en Piémont, et à l'interner au fort de Miolans, vraisemblablement en novembre de la même année.

Il s'évada le 1er mai 1773, et sa femme le rejoignit en Italie.

Rentré en Provence, le marquis fut arrêté au début de 1777.

Le 30 Juin 1778, le jugement d'Aix fut cassé, et Sade fut condamné seulement à être admonesté par le premier Président, à ne pas fréquenter Marseille, et à payer une amende de 50 francs au profit de l'œuvre des prisons.

Cependant on le conserva prisonnier. Il dut aux démarches de sa belle-mère cette détention gratuite.

On voulut le transférer à Vincennes. Mais le 17 Juillet 1778, avec l'aide de sa femme, il échappa aux cinq hommes de son escorte, à Lambesc, à cinq lieues d'Aix.

A la fin d'avril 1779, il était à nouveau repris en Provence et conduit à Vincennes, — sans jugement, et par le seul bon vouloir de Mme de Montreuil.

Il y resta jusqu'en 1784, et fut alors transféré à la Bastille.

En Juin 1789, il tenta de « forcer les sentinelles », mais on le mit à la raison « en lui montrant le bout d'un fusil d'un peu près. »

Le 2 Juillet, il se saisit d'un tuyau en guise de porte-voix, et cria par sa fenêtre qu'on égorgeait les prisonniers à la Bastille, et qu'il fallait venir le délivrer.

Le 4 Juillet, à une heure du matin, on le transférait à Charenton, d'où il sortit peu après, lorsque la Constituante libéra les prisonniers d'Etat.

Il n'est pas exagéré de penser que les appels du marquis de Sade furent l'une des causes qui poussèrent le peuple, douze jours plus tard, à prendre la Bastille.

Nous avons dit quelques mots de l'activité du marquis durant la Révolution.

Après la mort de Marat, il réussit à sauver de l'échafaud ses beaux-parents, qui pourtant...

Cela lui valut d'être à nouveau emprisonné le 6 décembre 1793, par ordre du Comité de la Sûreté Générale, sous l'accusation de modérantisme.

Il fut d'abord interné aux Madelonnettes, puis aux Carmes et à Picpus. Le 9 Thermidor le libéra.

Le 5 mars 1801, Napoléon le fit interner à Bicêtre.

Le 26 avril 1803, on le transféra à Charenton, où il mourut le 2 décembre 1814.

Ainsi le marquis de Sade, qui vécut 75 ans, passa 27 années dans les prisons ou les asiles d'aliénés, et presque toujours, on peut le dire, par déni de justice.

On comprend mieux, après cela, qu'un homme au tempérament vigoureux comme le marquis, privé des plaisirs sexuels à la force de l'âge, ait cherché dans la satyrographie un soulagement aux souffrances de la continence obligatoire.

L'ŒUVRE

En dehors de ses ouvrages libres, les seuls dont nous parlerons ici, le marquis de Sade écrivit une quinzaine de volumes : romans, drames, etc...

Voici la bibliographie de ses œuvres érotiques :

Justine, ou les Malheurs de la Vertu. En Hollande, chez les Libraires Associés, 1791.

Avec cette épigraphe, tirée de la dernière scène du roman :

O mon ami ! la prospérité du Crime est comme la foudre, dont les feux trompeurs n'embélissent un instant l'athmosphère, que pour précipiter dans les abîmes de la mort, le malheureux qu'ils ont ébloui.

2 volumes in-8° de 183 et 191 pages. Avec un frontispice par Chéry.

On en fit en même temps une édition in-12 (2 volumes de 337 et 228 pages). Les mêmes caractères servirent pour le titre. On rapprocha seulement les lettres, fort espacées dans l'édition in-8°, et l'on changea la vignette du milieu de la page. Le frontispice fut réduit et gravé par Texter.

Certains bibliographes ont affirmé que cette édition in-12 était une seconde édition revue et modifiée. L'un d'eux assure même que certaines scènes ont été aggravées. Sans doute n'ont-ils jamais eu les deux volumes entre les mains.

Nous possédons un exemplaire de cette édition in-12, dont le texte est le même que celui de l'édition in-8°.

Certains exemplaires in-12 sont passés dans les ventes avec douze figures libres (encadrements de têtes de mort, chaînes et instruments de supplice). Il s'agit vraisemblablement d'une suite éditée à part.

Une autre édition parut en 1792, à *Londres* (Paris, Cazin) en 2 volumes in-18 de 337 et 228 pages, avec le frontispice et 5 figures libres.

La troisième édition, « corrigée et augmentée » (1), parut en 1794, sous la rubrique *Philadelphie*. Elle contient en effet des augmentations.

La quatrième édition, *Londres* (Paris) 1797, en 4 tomes in-8°, avec 6 gravures libres, est encore augmentée. Elle ne doit pas être confondue avec la *Nouvelle Justine*, qui parut la même année.

En réalité, le premier texte de *Justine* n'a jamais été imprimé. Il était destiné à un Recueil de *Contes et Fabliaux du XVIIIe siècle. Justine* fut d'abord intitulée *Les Infortunes de la Vertu*. Dans une note rédigée un peu plus tard, le marquis adopte : *Les Malheurs de la Vertu.*

Les Infortunes de la Vertu forment 179 pages manuscrites, avec ratures. A la fin, on trouve cette mention :

Fini au bout de quinze jours, le 8 Juillet 1784.

On voit très bien comment les *Infortunes de la Vertu,* d'augmentations en révisions, par les édi-

(1) Guillaume Apollinaire (*L'Œuvre du marquis de Sade,* Paris, L'Edition, 1909) dit a tort que c'est la 4e.

tions de 1791, 1792, 1794 et 1797, arrivèrent progressivement à la *Nouvelle Justine*.

On a écrit que la *Nouvelle Justine* était la première rédaction, mais que le marquis n'avait osé d'abord en publier qu'une version atténuée.

Cette opinion est basée sur l'*Avis de l'Éditeur* de la *Nouvelle Justine* de 1797 :

> Le manuscrit original d'un ouvrage qui, tout tronqué, tout défiguré qu'il étoit, avoit néanmoins obtenu plusieurs éditions, entièrement épuisées aujourd'hui, nous étant tombé entre les mains, nous nous empressons de le donner au public tel qu'il a été conçu par son auteur, qui l'écrivit en 1788. Un infidèle ami, à qui ce manuscrit fut confié pour lors, trompant la bonne foi et les intentions de cet auteur, qui ne vouloit pas que son livre fut imprimé de son vivant, en fit un extrait qui a paru sous le titre simple de *Justine, ou les Malheurs de la Vertu*, misérable extrait bien au-dessous de l'original, et qui fut constamment désavoué par celui dont l'énergique crayon à dessiné la Justine et sa sœur que l'on va voir ici.
>
> Nous n'hésitons pas à les offrir telles que les enfanta le génie de cet écrivain à jamais célèbre, ne fût-ce que par cet ouvrage...
>
> Nous certifions, au reste, que dans cette édition tout est absolument conforme à l'original que nous possédons seul : coupe de l'ouvrage, scènes libidineuses, systèmes philosophiques, tout s'y trouve ; les gravures mêmes ont été éxécutées d'après les dessins que l'auteur avoit fait faire avant sa mort, et qui étoient annexés à son manuscrit.

Mais ce n'est là qu'une supercherie destinée à allécher le client. Les éditeurs en usaient couramment à l'époque.

En 1800, après la publication de la *Nouvelle Justine*, une cinquième édition de *Justine* fut publiée, sous la rubrique *En Hollande*, en 4 volumes de IX-136, 136, 135, et 132 pages.

Isidore Liseux a réimprimé, en 1884, le texte de l'édition orginale de 1791.

***

La première édition de la *Philosophie dans le Boudoir* parut en 1795, deux ans avant la *Nouvelle Justine*.

La *Justine* de 1791, et même celles de 1792 et 1794, étaient écrites dans un style décent. On peut donc dire que la *Philosophie dans le Boudoir* est le premier ouvrage obscène du marquis de Sade, le premier, du moins, qu'il publia (1).

Voici le titre de la première édition :

La Philosophie dans le Boudoir, ouvrage posthume de l'AUTEUR DE JUSTINE. A Londres, aux dépens de la Compagnie. 1795.

En épigraphe :

La mère en prescrira la lecture à sa fille (2).

2 volumes in-18 de 1 feuillet non-chiffré, 180 et 214 pages. Avec 1 frontispice allégorique et 4 figures libres.

« Ouvrage posthume » est mis ici pour faire croire

---

(1) Le manuscrit des *120 Journées de Sodome* fut écrit en 37 jours, à la Bastille, et terminé le 27 novembre 1785.

(2) Epigraphe empruntée d'un pamphlet révolutionnaire : « *Fureurs Utérines de Marie-Antoinette, femme de Louis XVI*. Au Manège, et dans tous les Bordels de Paris, 1791. » Mais on lit, dans les *Fureurs Utérines* : « La mère en *proscrira* la lecture à sa fille. »

Elle a été reprise dans *Julie, ou J'ai sauvé ma rose*, par Mme de C*** (Hambourg et Paris, 1807), avec une nouvelle variante : « La mère en *défendra* la lecture à sa fille » qui lui restitue son premier sens. L'auteur de *Julie* ignorait certainement les *Fureurs Utérines*, et a pris son bien chez le marquis de Sade.

que le marquis n'était pas l'auteur de *Justine*, dont il niait alors la paternité (1).

C'est la même raison qui lui faisait dire, dans la note de la *Nouvelle Justine* que nous avons reproduite en partie plus haut : « ...d'après les dessins que l'auteur avoit fait faire avant sa mort. »

La seconde édition était intitulée :

La Philosophie dans le Boudoir, ou les Instituteurs immoraux. Ouvrage posthume par l'AUTEUR DE JUSTINE. Londres, aux dépens de la Compagnie, 1805.

2 volumes petit in-8°, de 203 et 191 pages. Avec 10 lithographies libres.

Il n'y eut que trois réimpressions modernes :

1°. — Vers 1835. Deux volumes in-18, de 172 et 216 pages, avec 10 lithographies libres. Le titre reproduit celui de la seconde édition. La date est celle de l'édition originale.

2°. — En 1866. Deux volumes in-18 de 208 et 262 pages, avec reproduction du frontispice et des 4 figures de la première édition. Le titre est modifié comme suit : « ...*ou les Instituteurs Libertins, Dialogues destinés à l'éducation des Jeunes Demoiselles*, par Le MARQUIS DE SADE. » Épigraphe, rubrique et date de l'édition originale. Cette réimpression est due à l'éditeur Poulet-Malassis.

3°. — En 1900. Deux volumes in-16 de 206 et 245 pages. Sans gravures. Réimpression faite à Rotterdam, sur celle de Poulet-Malassis.

***

La Nouvelle Justine, ou les Malheurs de la Vertu, ouvrage orné d'un Frontispice et de quarante sujets gravés avec soin. En Hollande, 1797.

(1) Il écrivit même plus tard une brochure pour s'en disculper : *L'auteur des Crimes de l'Amour à Villeterque, folliculaire*. Paris, MASSÉ, an IX.

4 volumes in-12 de VIII-347, 351, 356 et 366 pages.
En épigraphe, deux vers :

> On n'est pas criminel pour faire la peinture
> Des bizarres penchants qu'inspire la nature (1).

Six autres volumes, contenant l'histoire de *Juliette*, font suite à la *Nouvelle Justine*. L'ouvrage entier forme donc dix volumes.

A partir du Tome V, le titre est ainsi modifié :

La Nouvelle Justine, ou les Malheurs de la Vertu, suivie de l'Histoire de Juliette, sa sœur, ouvrage orné d'un frontispice et de cent sujets gravés avec soin. En Hollande, 1797.

Juliette avait été publiée l'année précédente, en 4 volumes in-8° :

Juliette, ou la Suite de Justine, 1796.

Cette édition, à en croire Alcide Bonneau, serait, comme la *Justine* de 1791, un premier texte qui fut ensuite augmenté de deux volumes.

Il est certain que *Juliette* fut écrite avant 1791, puisque l'auteur parle de Mirabeau comme s'il vivait encore. Cependant, il fait également allusion à des événements qui eurent lieu en 1796.

Pourquoi ne pas admettre que *Justine* et *Juliette* furent écrites en 1789 ou 1790, pour être publiées, l'une en 1791, en 2 volumes, l'autre en 1796 en 4 volumes ? Le marquis de Sade, devant le succès du premier ouvrage, aurait remanié et augmenté le tout, pour publier, en 1797, la *Nouvelle Justine* en 10 volumes.

---

(1) Epigraphe inspirée de celle des *Lettres Galantes et Philosophiques de deux Nonnes* (Au Paraclet, 1777), que voici :

> On n'est pas criminel, pour faire une peinture,
> Des tendres sentiments qu'inspire la nature.
>
> PÉTRONE.

C'est celle-ci qui fut constamment réimprimée au XIXe siècle, sous le titre et la date de 1797.

***

Zoloé et ses deux acolythes, ou Quelques décades de la vie de trois Jolies Femmes. Histoire véritable du siècle dernier, par UN CONTEMPORAIN. A Turin ; se trouve à Paris, chez tous les marchands de nouveauté. De l'imprimerie de l'auteur, Messidor, an VIII.

1 volume in-12 de XII-142 pages. Avec un frontispice représentant Zoloé (Joséphine de Beauharnais), Lauréda (Mme Tallien) et Volsange (Mme Visconti).

Deux autres éditions sont signalées à la même date, sous la même rubrique, l'une in-16 et l'autre in-18.

Mais sans doute s'agit-il de la même édition, avec les marges plus ou moins rognées, ou encore de réimpressions faites les années suivantes, sous la même date. On sait qu'en Bibliographie les formats sont souvent indiqués d'après la grandeur du volume, et non comme ils devraient l'être, d'après le nombre des pages de chaque cahier et le format du papier.

Nouvelle édition : Paris, A. Dupont et Roret, 1826, in-12.

Il y eut une réimpression en 1867, et une autre en 1870 :

LE MARQUIS DE SADE. *Zoloé et ses deux acolytes. Discours aux manes de Marat. L'auteur des Crimes de l'Amour à Villeterque.* Avec notices biographiques et bibliographiques. Bruxelles. Chez tous les libraires. 1870.

1 vol. petit in-12, de CII-178 pages. (Impr. de J.-H. Briard, rue des Minimes, 51.) Tiré à 150 exemplaires. Edition due à Poulet-Malassis. La notice (non signée) est de Gustave Brunet. Elle est suivie de l'article de Paul Lacroix.

Dernière réimpression en 1913, dans la collection du *Coffret du Bibliophile* (Bibliothèque des Curieux, 4, rue de Furstemberg, Paris), avec Notice par Guillaume Apollinaire.

***

Les 120 Journées de Sodome, ou l'École du Libertinage, par le MARQUIS DE SADE. Publié pour la première fois d'après le munuscrit original, avec des annotations scientifiques, par le docteur EUGÈNE DUBHREN. Paris, Club des Bibliophiles, 1904.

1 volume in-4° de VIII-543 pages, couverture imprimée. Tiré à 160 exemplaires.

LE SADISME

Le marquis de Sade n'a point inventé le « sadisme ». Il lui reste seulement la gloire discutable d'avoir donné son nom à la plus dangereuse des passions sexuelles.

Bien avant lui, au cours des siècles et sous des latitudes diverses, de redoutables dépravés ont cherché dans la souffrance d'autrui un stimulant à leur luxure.

L'histoire érotique des tyrans de l'antiquité nous fournirait au besoin cent exemples de l'universalité et de l'ancienneté du « sadisme ».

Peut-être, après tout, n'est-il qu'une exagération de cette loi naturelle qui pousse le mâle, durant l'accouplement, à manifester sa vigueur au détriment de la femelle ?

Chez la plupart des animaux, la possession est accompagnée de violences exercées par le mâle.

Chez les peuples les plus primitifs comme chez les plus civilisés, on peut dire que le coït est toujours accompli avec plus ou moins de brutalité.

Et toutes les femelles, la femme comprise, semblent éprouver du plaisir à être violentées. Car le masochisme — cet opposé du sadisme, — est tout aussi ancien et tout aussi normal, si l'on peut dire.

Il est donc abusif de parler d'inversion ou de perversion sexuelle à propos du sadisme. On devrait plus exactement le ranger parmi les manifestations résultant d'une excessive sensibilité de l'appareil génital, comme la nymphomanie, par exemple.

Le sadisme n'est vraiment une inversion sexuelle que lorsqu'il se manifeste chez la femme. Ainsi, le masochisme, normal chez la femme, est anormal chez l'homme.

Il y a plutôt perversion du sens génésique chez l'amant doux et caressant, que chez tant de « petits sadiques », qui pincent cruellement les chairs de leur maîtresse, ou la mordent jusqu'au sang au moment du spasme.

Certes, il y a loin de l'étreinte brutale du mâle, goûtée par tant de femmes, aux sanglantes lubricités des héros du marquis, mais ce n'est, après tout, qu'une question de degrés.

***

Cette recherche de la volupté dans la douleur infligée aux autres, le marquis de Sade s'en fit le théoricien.

Dès la *Justine* de 1791, il charge le moine Clément d'exposer cette philosophie de la luxure (1) :

L'émotion de la volupté n'est autre sur notre ame qu'une espèce de vibration, produite au moyen de secousses que l'imagination enflammée par le souvenir d'un objet lubrique fait éprouver à nos sens, ou au moyen de la présence de cet objet, ou mieux encore par l'irritation que ressent cet objet dans le genre qui nous émeut le

(1) Tome 1er, pages 302 et suivantes de l'édition in-12.

plus fortement ; ainsi notre volupté, ce chatouillement inexprimable qui nous égare, qui nous transporte au plus haut point de bonheur où puisse arriver l'homme, ne s'allumera jamais que par deux causes, ou qu'en apercevant réellement ou fictivement dans l'objet qui nous sert l'espèce de beauté qui nous flatte le plus, ou qu'en voyant éprouver à cet objet la plus forte sensation possible ; or, il n'est aucune sorte de sensation qui soit plus vive que celle de la douleur, ses impressions sont sûres, elles ne trompent point comme celles du plaisir, perpétuellement jouées par les femmes et presque jamais ressenties par elles ; que d'amour-propre, d'ailleurs, de force, de santé ne faut-il pas pour être sûr de produire dans une femme cette douteuse et peu satisfaisante impression du plaisir. Celle de la douleur, au contraire, n'exige pas la moindre chose : plus un homme a de défauts, plus il est vieux, moins il est aimable, mieux il réussira. A l'égard du but, il sera bien plus sûrement atteint, puisque nous établissons qu'on ne le touche, je veux dire : qu'on n'irrite jamais mieux ses sens que lorsqu'on a produit dans l'objet qui nous sert la plus grande impression possible, n'importe par quelle voie ; celui qui fera donc naître dans une femme l'impression la plus tumultueuse, celui qui bouleversera le mieux toute l'organisation de cette femme, aura décidément réussi à se procurer la plus grande dose de volupté possible, parce que le choc résultatif des impressions des autres sur nous, devant être en raison de l'impression produite, sera nécessairement plus actif, si cette impression des autres a été pénible, que si elle n'a été que douce ou moëleuse ; et d'après cela, le voluptueux égoïste qui est persuadé que ses plaisirs ne seront vifs qu'autant qu'ils seront entiers, imposera donc, quand il en sera le maître, la plus forte dose de douleur possible à l'objet qui lui sert, bien certain que ce qu'il retirera de volupté ne sera qu'en raison de la plus vive impression qu'il aura produite.

Le Dolmancé de la *Philosophie dans le Boudoir*, reprend l'argumentation du moine Clément :

Les plaisirs de la cruauté sont les troisièmes que nous nous sommes promis d'analyser. Ces sortes de plaisirs sont aujourd'hui très-communs parmi les hommes, et voici l'argument dont ils se servent pour les légitimer. Nous voulons être émus, disent-ils, c'est le but de tout homme qui se livre à la volupté, et nous voulons l'être par les moyens les plus actifs. En partant de ce point, il ne s'agit pas de savoir si nos procédés plairont ou déplairont à l'objet qui nous sert, il s'agit seulement d'ébranler la masse de nos nerfs par le choc le plus violent possible ; or il n'est pas douteux que la douleur affectant bien plus vivement que le plaisir, les chocs résultatifs sur nous de cette sensation produite sur les autres seront essentiellement d'une vibration plus vigoureuse, retentiront plus énergiquement dans nous, mettront dans une circulation plus violente les esprits animaux, qui, se déterminant sur les basses régions par le mouvement de rétrogradation qui leur est essentiel alors, embraseront aussitôt les organes de la volupté, et les disposeront au plaisir. Les effets du plaisir sont toujours trompeurs dans les femmes ; il est d'ailleurs très-difficile qu'un homme laid ou vieux les produise. Y parvienne-t-il, ils sont faibles, et les chocs beaucoup moins nerveux. Il faut donc préférer la douleur, dont les effets ne peuvent tromper et dont les vibrations sont plus actives.

***

Evidemment une pareille théorie peut conduire fort loin, trop loin, beaucoup trop loin. Et si nous avons essayé d'établir le caractère normal du sadisme, ce n'est certes pas pour en excuser les excès.

Les pires aberrations sexuelles peuvent être excusées, pourvu qu'elles ne nuisent à personne. Deux pédérastes qui se livrent ensemble à leur exercice familier ne causent aucun préjudice à leur prochain, et partant à la société. Le vieux libertin qui cherche, par des spectacles scatologiques, et au besoin par la scatophagie, à réveiller des sens endormis, peut inspirer du dégoût : on ne saurait prétendre qu'il soit nuisible.

On en peut dire autant des lesbiennes, — au

dégoût près, — des masochistes, des fétichistes, des voyeurs, du berger qui s'accouple à sa chèvre, ou de la femme qui se fait saillir par son chien.

Un état libre devrait autoriser au nom de la liberté le libre exercice de toutes les passions sexuelles. Et c'est également au seul nom de la liberté qu'il en devrait préserver l'enfance et réprimer la publicité.

L'enfant est dépourvu de son libre arbitre, et c'est commettre un crime que l'entraîner à des actes dont il ne peut discuter la légitimité.

D'autre part, si les invertis ou les pervertis doivent avoir la liberté de satisfaire leurs passions, ils n'ont pas le droit d'en imposer le spectacle à ceux qui s'en pourraient scandaliser.

Mais le goût ou l'esthétique ne sont point raisons suffisantes pour justifier les entraves apportées encore aujourd'hui à la satisfaction de passions aussi inoffensives que singulières. Et la morale encore moins, car en matière de mœurs elle varie suivant les climats et les siècles.

Il en va tout autrement avec le sadisme.

Lorsqu'il dépasse, en effet, les limites de cette brutalité inséparable de l'acte de possession chez le mâle normal, le sadisme est vraiment dangereux.

Il n'y a qu'à lire *Justine* et *Juliette*, ou plus simplement les dernières scènes de la *Philosophie dans le Boudoir*, pour s'en rendre compte.

***

Ceci admis, — et c'est l'évidence même, — une redoutable question se pose :

Les ouvrages du marquis de Sade sont-ils eux aussi dangereux ?

Nous voulons dire : Peuvent-ils conduire des individus à rechercher dans la douleur d'autrui, jusqu'à la torture et jusqu'au crime, la satisfaction de leurs appétits sensuels ?

Franchement, nous ne le croyons pas.

Depuis 1791, ils ont été assez lus pour qu'on puisse juger de leur nocivité.

Or, qu'on cite donc un seul crime sadique inspiré par la lecture de ces livres !

Et qui oserait prétendre que Vacher, Soleilland et tous ceux que la démence ou quelque poussée de brutalité ancestrale conduisirent à des crimes révoltants, avaient lu *Justine ?*

Les malheureux ignoraient probablement jusqu'au nom du marquis de Sade et jusqu'à l'existence même de cette littérature spéciale.

Un ouvrage érotique peut pousser ses lecteurs et ses lectrices à rechercher les plaisirs des sens. C'est son but, et c'est son utilité, ne craignons pas de le dire, nous qui considérons ces plaisirs comme légitimes et estimons que c'est gâcher sa vie que n'en pas user largement, comme des autres joies de ce monde.

Mais croire qu'après avoir lu la *Philosophie dans le Boudoir*, par exemple, un quidam se munira d'une aiguille courbe et de fil poissé pour coudre le derrière d'une vieille dame, c'est pousser un peu loin le droit à la bêtise.

Durant les guerres balkaniques, la grande presse décrivit à ses millions de lecteurs les tortures raffinées infligées aux vaincus. Et cependant, nulle part en France l'on ne se mit à couper les seins aux femmes, les oreilles et le nez aux vieillards et le... reste aux adultes.

Les paradoxes du marquis de Sade ne sont que des paradoxes et il n'est point besoin d'être pourvu d'une intelligence au-dessus de la moyenne pour s'en apercevoir.

***

Restif de la Bretonne feignit pourtant de croire à leur nocivité, mais il savait si mal feindre !

Pour détruire la « néfaste influence » des livres du marquis, son ennemi intime, il commença d'écrire une *Anti-Justine* (1) qui est autrement lubrique que la plus obscène version de *Justine* et *Juliette.*

Il donne ainsi ses raisons (2) :

Blasé sur les femmes depuis longtemps, la *Justine* du marquis de Sade me tomba dans la main ; je voulais jouir, et ce fut avec fureur ; je mordis les seins de ma monture, lui tordis la chair des bras !... Honteux de ces excès, effets de ma lecture, je me fis à moi-même un *Érotikon* savoureux, qui m'excita au point de me faire enfiler une bossue, bancroche, haute de deux pieds !...

Dès la page suivante, Restif y va d'une Préface consacrée uniquement au marquis :

Personne n'a été plus indigné que moi des sales ouvrages de l'infâme marquis de Sade, c'est-à-dire de *Justine*, *Aline* (3), *Le Boudoir* (4), *La Théorie du Libertinage* (5), que je lis dans ma prison. Ce scélérat ne présente les

---

(1) *L'Anti-Justine ou Les Délices de l'Amour*, 1798, deux volumes in-12. On en a fait récemment une réimpression fort soignée : « A Paris, au clos Bruneau, à l'Enseigne de la Gargouille », précédée d'une préface par Sylvestre Bonnard, et ornée de gravures libres (2 tomes en 1 volume).

(2) Introduction au tome 1er de la réimpression

(3) *Aline et Valcour ou Le Roman Philosophique*, Paris, 1795. Ce n'est point un ouvrage érotique.

(4) *La Philosophie dans le Boudoir.*

(5) Il n'existe aucun ouvrage de ce nom. Restif fait sans doute allusion à un manuscrit qui aurait circulé, peut-être celui des *120 Journées de Sodome.*

délices de l'amour pour les hommes qu'accompagnés de tourments, de la mort même pour les femmes !

Mon but est de faire un livre plus savoureux que les siens, et que les épouses pourront faire lire à leurs maris pour être mieux servies ; un livre où les sens parleront au cœur, où le libertinage n'ait rien de cruel pour le sexe des grâces et lui rende plutôt la vie que de lui causer la mort ; où l'amour, ramené à la nature, exempt de scrupules et de préjugés, ne présente que des images riantes et voluptueuses. On adorera les femmes en le lisant, on les chérira en les enconnant. Mais l'on abhorrera davantage le *vivo dissequent*, le même qui fut tiré de la Bastille avec une longue barbe blanche le 14 Juillet 1789 (1). Puisse l'ouvrage enchanteur que je publie faire tomber tous les siens !

Mauvais livre fait dans de bonnes vues. Moi, Jean-Pierre Linguet (2), maintenant à la Conciergerie, je déclare que je n'ai composé cet ouvrage, tout savoureux qu'il est, que dans des vues utiles. L'inceste, par exemple, ne s'y trouve que pour équivaloir au goût corrompu des libertins les affreuses cruautés par lesquelles de Sade les stimule.

A la fin de la première partie, il revient sur son idée :

Je ne suis pas assez dépourvu de sens pour ne pas sentir que l'*Anti-Justine* est un poison, mais ce n'est pas là ce dont il s'agit. Sera-ce le contre-poison de la fatale *Justine ?*...

L'auteur à prétendu éloigner de la cruauté, de la soif du sang et de la mort de la femme possédée ; a-t-il réussi ?

Et dans le chapitre XXVI, qui commence la deuxième partie, il y revient encore :

Mon but moral, qui en vaut bien un autre, est de donner à ceux qui ont un tempérament paresseux un

(1) Le marquis de Sade, nous l'avons dit, ne fut point libéré le 14 juillet, mais plus tard, et il avait été transféré le 4 de la Bastille à Charenton. En 1789, il avait quarante-neuf ans, et ne devait point encore posséder une longue barbe blanche.

(2) Restif attribuait son ouvrage à ce Linguet supposé.

érotikon épicé qui leur fasse servir convablement une épouse qui n'est plus belle, c'est ce que j'ai vu faire à plusieurs hommes qui se servaient pour cela du livre cruel et dangereux de *Justine ou Les Malheurs de la Vertu.*
J'ai un but important encore : Je veux préserver les femmes du délire de la cruauté. L'*Anti-Justine*, non moins savoureuse, non moins emportée que la *Justine*, mais sans barbarie, empêchera désormais les hommes d'avoir recours à celle-ci.

Malgré ses tirades, Restif ne se borna point à faire de l'inceste et de la sodomie les équivalents de la barbarie du marquis, et il introduisit dans son ouvrage un chapitre (1) où l'on voit le moine Fout-à-Mort mettre en pratique les « affreuses cruautés » du marquis de Sade, arracher avec les dents le bout des seins à sa victime et l'éculventrer (*sic*) avec un monstrueux engin.

Restif voulait écrire un livre obscène. Et c'est tout. Il y réussit parfaitement, d'ailleurs. Mais il ne donna le change à personne sur ses véritables intentions.

***

Justine, Juliette, La Philosophie dans le Boudoir ne sont point des ouvrages dangereux à lire.

Mais ce ne sont pas cependant des livres à mettre entre toutes les mains. Il va de soi qu'on évitera de les laisser lire aux adolescents des deux sexes. Mais on fera bien également de ne les point prêter aux adultes sans quelque discernement.

Il est des esprits faibles pour lesquels de pareilles lectures ne sont point faites.

Ils n'en deviendraient, certes, ni fous ni criminels.

Mais les ouvrages de ce genre ne peuvent être compris que par des esprits philosophiques, par des

(1) Chapitre xv. *Du fouteur à la Justine.*

lecteurs doués de sens critique et de saine raison.

C'est en faisant allusion à ceux-ci, — les plus nombreux, d'ailleurs, parmi ceux qui aiment lire, — qu'on a pu affirmer qu'il n'existait pas de mauvais livres.

Un homme ou une femme intelligents tireront profit des lectures en apparence les moins profitables.

Aussi révoltantes qu'elles soient, certaines théories de l'auteur n'en sont pas moins curieuses ; il faut les connaître si l'on veut tout savoir, — ou du moins savoir le plus possible.

Et il en est d'autres qui apparentent le marquis de Sade aux grands philosophes de son siècle.

Car il ne faut pas oublier que cet homme extraordinaire écrivit avant Proudhon des pages contre la propriété et découvrit avant Darwin les lois de la sélection naturelle des espèces.

HELPEY,
Bibliographe poitevin.

TABLE DES MATIÈRES

www.ingramcontent.com/pod-product-compliance
Ingram Content Group UK Ltd.
Pitfield, Milton Keynes, MK11 3LW, UK
UKHW022142170726
13837UKWH00004B/1727